JN439389

길

제민숙 시조집

도서출판 경남

시인의 말

오랜 시간, 깊은 잠을 잤다.

이제 눈을 뜨고 마음의 소리에 귀를 기울이며

세상의 중심을 향해 걸어 나가려 한다.

열심히 살아야겠다.

2015년 가을

제민숙

차례

제2부 내 사랑은

제3부 지심도의 봄

제4부 낡은 일기장

제5부 거미

제1부 길

길 · 1

가다가 돌아보면 터널처럼 지나온 길
좋은 날 싫은 날이 앞서거니 뒤서거니

맨발로
줄지어 서서
차례를 기다린다.

물기 젖어 허물어진 생의 가장자리에
소심스레 풀어놓는 부르튼 시간 위로

하얗게
놓친 꿈들이
대기표를 쥐고 섰다.

길 · 2

한 번도 가지 않은 낯선 길이 놓여 있다
아직도 여물지 못한 풋밤 같은 날들 앞에
익어서 열리는 하늘
그 끝을 향해 간다.

송곳 같은 세상의 오늘을 살아내며
보이지 않는 끝을 향해 맨몸으로 부딪친다
지긋이 짓누르는 무게
잠든 영혼을 깨운다.

그 길엔 아직도 바람이 불고

돌아선 어깨 위로
무수히 내리는 어둠
마주앉아 큰소리로
웃어본 적 언제였던가
앞서간 시간 저편엔
화려한 날들 넘쳤는데

낯선 이방인처럼
기웃대는 바람처럼
머무는 자리마다
이끼가 돋아난다
아직도 풀리지 않는
미완의 날 쌓여만 가는

바다 그리고

몸속 드러낸 바다
부끄럼에 몸을 떤다
오 · 폐수 한데 엉켜
신음 소리 토할 때면
낮달도
고개 돌리며
두 눈을 감는다

내버려진 오물들
온 바다를 울리고
갯벌에 젖은 삶
햇볕에 말려봐도
뭉개진
가슴 언저리
비린 바람이 인다.

겨울나무

벼랑 끝 힘겨웁게 버티고 선 뿌리 위로
매운바람 으렁대며 온몸을 휘감아도
따뜻한
봄날의 약속
한겨울을 버틴다.

옹이 진 상처 위로 새 움 돋아나는
그날을 기다리며 불면의 밤 지샌다
발잔등
어루만지며
괜찮다 괜찮다 하며

그 집

바람이 길을 내는
막다른 골목 안집

점멸하는 신호등처럼
푸른 기억 깜빡이는

노모의 주름진 세월
빈손마저 무거운

계절마다 안부 묻듯
꽃은 피고 지는데

가슴에 품은 자식
번지를 잊었을까

그리움 저미고 사는
목이 긴 맨드라미

어느 새벽

— 환경미화원

신 새벽 이슬을 깨우며
청소차에 몸을 싣고
고단한 삶의 뒤란
그 아픔도 쓸어 담는
쌓여진 쓰레기 더미에
눈물 같은 비가 와도

떨고 선 가등 아래
안으로 스미는 한기
버려진 세간살이에
추억마저 얽혀가도
거리는 베갯머리 껴안고
깨어나지 않는다

만어사

눈 아래 펼쳐진 전설 속 만어석이
긴 세월 그을린 채 두 손 모아 합장한다
가파른
오늘을 사는
이마 시린 사람들 위해

온 나라 들썩이며 진실공방 논할 때도
어지러운 세상사 말없이 지켜보며
제 허물
정갈히 닦는
경종의 종 울린다.

동 행

혼자는 외로울까

나란히 발맞추고

쉼 없는 걸음걸음

어깨 서로 빌려주며

가는 길 외롭지 않게

따뜻한 말벗 되는

빈 손

숨 가쁜 시간들을
건너서 오는 동안
저만치 비껴선
하루해가 저물면
때 묻은 마음을 씻고
이 저녁 등을 켠다.

하루를 매만졌던
손가락 사이로
바람처럼 허무하게
빠져나간 오늘이
멋쩍은 얼굴을 하고
물끄러미 나를 본다.

수 레

희뿌연 황사처럼

시야를 가린 진실

절룩이며 굴러온

삐걱대는 수레는

삭아진

관절을 끌고

오던 길을 되돌아간다

파 도

속절없이 서성이다
밀리고 떠밀려서
인적 없는 섬 그늘
허리 굽은 노송처럼
외마디
비명도 없이
넘어졌다 일어서고

마음 없는 춤사위
너울너울 펼쳐대다
낯선 부두에서
미아처럼 울고 있다
등 시린 겨울 끝자락
짧은 해도 주춤댄다.

안 개

푸른 아침을 잠재우고
눈빛 선한 얼굴로 와서
천천히 조심스럽게
온 시야를 가린다
이 아침 잠깐만이라도
가까운 곳 보고 살라고

쫓기듯 지나치며
언뜻언뜻 바라봤던
거리의 풍경들이
일제히 두 손을 모아
간절한 기도를 했을까
이 아침 바라봐 달라고

잠든 소리를 깨우며

오랜 잠 툭 툭 털고

햇빛 속으로 걸어 나오는

심중 깊이 묻어둔

보석 같은 언어들이

직유와

은유를 담아

잠든 나를 깨운다.

제2부 내 사랑은

그릇

채워지기 위하여
정갈히 몸을 씻고
거짓 없는 하루를 담는다
온 가족 조찬粗餐을 위해
한생을 그렇게 살다간
내 어머니 모습처럼

온몸이 저리도록
채워지고 비워져도
물기 괸 가슴속엔
푸른 하늘 담아놓고
또 다른 내일을 위해
이 하루를 비운다.

내 사랑은

뜨겁지도 차지도 않는
봄날 같은 내 사랑은

지나온 시간만큼
은은한 향기를 품어

미쁘게
다듬고 엮어
함께 가 볼 일이다.

봄날의 기도

야윈 내 어깨에도
햇살은 따뜻한데

헐렁해진 옷가지에 밴
몸살 난 삶의 흔적도

이 봄날
언 가슴 녹여
꽃 한 송이 피워낼까

봄날 오후

짧은 만남이 가져다준
일회용 커피 같은

물기 머금은 이야기
절반쯤 풀어놓고

휘어진 길처럼 떠난
벗의 모습 아른댄다

생채기 난 삶의 뒤란
조붓하게 끌고 가는

잃어버린 꿈을 찾아
놓쳐버린 시간을 찾아

하느적 꽃 지는 봄날
강물처럼 가고 있다.

남풍 공연을 보고

시원스레 쏟아지는 한줄기 소낙비였다
손끝 발끝 전해지는 몸의 소리 몸의 언어
영호남 얼씨구 덩더쿵 어우러진 한판이었다.

저민 가슴 치고 오는 울울한 뜨거움이었다
찔레꽃 하이얀 꽃 서러운 어머니 꽃
퍼내도 퍼내도 샘솟는 끝 모를 한恨이었다.

기쁜 일도 슬픈 일도 돌아보면 물무늰데
흔들리며 지나온 무수한 시간들이
우리네 소리가 되고 우리네 춤이 되는.

북소리

둥 둥 둥 몸으로 웃고
둥 둥 둥 몸으로 울며
굳은 세포 일으켜
소리로 말을 한다
너와 나 소원한 거리
한 뼘 두 뼘 좁히며

화석처럼 굳어버린
심장을 녹여내고
뼛속 깊이 새겨진
절망을 걷어내며
공글린 시간의 무게
추억처럼 들추는

빈 집

주인 없는 빈집을 지키고 선 감나무는

발소리 분주하던 지난날을 떠올린다

키 작은 어린 채송화 대문 밖 귀를 여는

비바람에 삭아진 슬레트 지붕 낮아지고

인심 나던 장독대엔 온기 식은 지 오래인

웃음꽃 피어나던 집 시간이 멈춰 있다.

고 향

매캐한 모깃불 아래 쿨럭이던 여름밤
무릎 위에 눕혀놓고 부채질로 땀 식혀주던
은하수 강처럼 흐르고
풀벌레 소리 정겨운

가슴으로 흐르는 그 환한 기억들과
서러울 것도 없는 추억 속 어린 날이
내 삶의 밑그림이 되어
쉼 없이 녹아드는

어머니 · 1

그랬다 사는 동안

가난에 절여진 채

항구에 닻을 내린

부서진 목선같이

햇볕에

말려진 시간은

그 얼마나 되셨을까

어머니 · 2

뇌출혈 수술 위해 쪽머리 잘리시고
마취제 독성에 몸과 마음 허물어질 때
비녀는 머리맡에서
주인보다 더 울었다.

햇살 풀린 봄날 저녁 아버지 제삿날에
쇠잔한 모습으로 힘들게 앉으셔서
밋밋한 머리 만지시며
고향 집 가고 싶다 하신

일주일 지난 뒤에 우레같이 날아든 비보
어머니 이승 하직 눈물로 전해질 때
신발은 나보다 먼저
대문 밖을 내달렸다

어버이날 보내고 그 뒷날 가신 뜻은
자식들 마음 아플까봐 하루 더 참았을까
오월이 저만치 가면서
자꾸만 뒤돌아본다.

팔월에 띄우는 편지

팔월이 오면 어머니,
그냥 눈물이 납니다

뜨거운 불덩이 하나
이 세상에 오던 날처럼

그렇게 속 시원히 맘껏
울고 싶어서인가 봅니다

뜨거운 계절 팔월이 오면,
어머니가 그립습니다

손 귀한 집 자식 아니어도
눈 안에 넣고 아파하신

그 마음, 그 참사랑 알기에
오늘은 가슴속 비가 내립니다

알고 계세요 어머니,
팔월은 어머니의 달입니다

한 번도 전하지 못한
가슴에만 담아둔 그 말

어머니! 사랑합니다
어머니! 보고 싶습니다

대가 저수지

봄 햇살 눈부신 날 민물낚시 즐기러
찾아간 저수지엔 술래놀이 한창이다
어릴 적
숨바꼭질하듯
붕어, 잉어도 그런갑다

어머니 젖줄 같은 대가 저수지 물 흘러서
고성 들녘 휘휘 돌아 알곡들로 채워지면
풍성한 가을이 먼저 손 내밀고 달려오는

철원, 하늘 아래

—아들 성훈이를 그리며

철원의 하늘 아래 푸른 맥박 뛰고 있다
온실 속 화초처럼 곱게 자란 아이들이
굳건히 다듬어져서 동량으로 거듭난다

나라의 부름받고 철의 삼각지 최북단에
엄동설한 긴긴밤을 시린 손 호호 불며
분단의 아픈 역사를 쓰고 있는 어린 영웅

태 풍

잔인한 악마였다
광분한 폭군이었다

온 세상 뒤흔들어
숱한 만행 저질러 놓고

마지막
의지마저도
한순간에 꺾어갔다

고향 땅 뿌리내려 지켜온 사람들과
낯선 땅 정착하여 고향 되어 사는 이들
부서진
미완의 꿈이
지천으로 널린다.

겨울새 날개를 접다

회색빛 하늘 아래
날개 꺾인 새 한 마리
둥지 밖 골바람 속
꽁꽁 언 육신 위로
하얗게 서리 내린 밤
그 새벽 별은 뜨고

어미 잃은 삼 남매의
애끓는 통곡 너머
영정 속의 해맑은 너도
목을 놓아 우는구나
잘못 꿴 매듭의 말末로
눈 못 감는 어미 새

티 없이 왔다가
한 많게 떠나가는
길지 않은 날들의
못다 부른 노래만 남아
허공을 떠돌고 돌아
도돌이표로 머문다.

제3부 지심도의 봄

지심도의 봄

동백꽃 온몸으로
시를 쓰는 지심도에

눈물처럼 스며들어
섬이 된 사람들이

뚝 뚝 뚝
떨어지는 봄을
가슴으로 안는다.

봄날의 기억

몸만 떠났다
마음은 그대로 남겨두고

어쩌라고
어깨 위로 뚝 뚝 떨어지는 그리움은

풀잎에
앉은 이슬처럼
동그랗게 젖는 밤

매 화

한동안 만나지 못한
반가운 벗을 보듯

두 팔 벌려 환하게
쓰다담으며 안아주는

섬진강 넘어서 온 봄
그림같이 앉았네

온 누리를 밝히며
함초롬히 피어나서

먼 날의 기억들도
한달음에 데불고 와

눈부신 봄날의 향연
꽃비를 뿌린다

얼마를 기다려야
너를 닮은 꽃이 될까

무엇을 비워내야
너처럼 해맑을까

네 얼굴 보고 있노라면
연서 한 장 쓰고프다.

사 월

인연에 인연을 더해 또 한 생이 이어지고
창백한 풀뿌리 같은 영혼에 불을 지펴
빛 고운 이른 아침에
말갛게 서고 싶다.

내 안에 나를 묻고 흔들리며 사는 동안
연둣빛 꿈 매달고 눈을 뜨는 사월이
앞서서 길을 나선다
내 손목을 붙잡고.

딸 기

태탱하게 부풀어 오른
그 순정 어쩌지 못해

흠모의 흔적들을
움푹움푹 찍어놓고

빨갛게
익은 마음이
속앓이로 뜨겁다

황매산의 봄

꽃보다 더 환한 사람들
황매산을 오른다

바람보다 더 빠르게
산허리 감싸는 안개

꽃잎에
입맞춤하다
바위에 사뿐 앉는다

아득한 하늘가에
그리움 두엇 얹어두고

냉가슴 쓸어내리며
맘 졸이던 시간을 지나

수줍게 얼굴 붉히며
눈부시게 타오른다.

안개꽃

오늘도 어제처럼

그리움을 삭이며

소슬한 바람에도

소리 없이 떨고서

잊을까

아주 잊힐까

맘 졸이는 눈망울

하동 북천에서

—코스모스 · 메밀꽃 축제

벼이삭 대신 코스모스가
북천 들판을 누볐다

메밀꽃 덩달아서
그 곁에서 어깨춤 출 때

촌로는 정물처럼 앉아
옛 생각에 잠긴다.

메뚜기 대신 벌 나비가
북천 들판을 날았다

하릴없는 허수아비
세월만 쫓고 섰는

꽃 잔치 사람의 잔치로
들썩대는 하동 북천

단 풍

차마 떨치지 못한

마음 하나 붙잡고서

마지막 순정 쏟아

온몸을 불사른다

예쁘게

물들이고픈

이름 하나 품고서

가을 단상

점묘하듯 한 생을
그림처럼 그려놓고

멀리서 가까이서
뭇 시선 붙잡아놓고

붉게 탄 저녁노을도
배경으로 걸어놓은

가지 끝에 쉬어가는
초승달도 걸어놓고

풀벌레 합창 소리
뜰 안 가득 채워놓은

이런 날 이런 밤이면
고독마저 정겹다.

박

파르라니 네 얼굴 윤기 흘러 좋아라
고운 마음 담아서 속은 더 희디흰가
거짓도
내숭도 없는
너와 마주 앉는다

밤하늘의 별과 달 새소리 바람 소리
풀벌레 울음소리 청아하게 담아놓고
깊고도
아득한 고요
그마저도 담아놓은

새벽이슬 맞으며 둥글게 영근 사랑
산빛 닮은 눈으로 전하는 세상 얘기
하얗게
피워 올린다
싱그러움 더하여

외 출

바라보는 풍경 모두
시가 되는 오월에

맞잡은 두 손 가득
고인 시간 흐르고

부드런 서정의 바람
두 어깨를 감싼다

내딛는 걸음 위로
무언의 약속들이

세월의 무게만큼
할 말을 쌓아갈 때

오월은 향기를 품고
추억처럼 흐른다.

남산공원

오르고 내리는 길 그 숱한 시간 속에
계절을 이고 선 하늘 몇 번 보았을까
키 작은 어린 들꽃에게 눈길 몇 번 보냈을까

쉼 호흡 가다듬고 그냥 가볍게 스쳐버린
사계절 그림자만 한없이 밟고 지나간
오늘은 너에게로 가서 서운한 맘 달래줄까

어떤 기다림

행여나 찾아올까
대문 밖 서성이다

애써 태연한 척
먼 하늘 바라보며

아무렴
오늘만 날인가
꼽았던 손 다시 편다.

제4부 낡은 일기장

고목古木

꺾어진 마디마디
관절처럼 저려오고
엉켜 산 자리마다
숨소리 가파르다
옹이 진
세월을 이고
정물처럼 선 채로

푸른 꿈 고이 접어 가슴속에 쟁여두고
다붓이 녹아든 세월 굽어진 등을 펴며
먼 후일 기억해줄 이 소원하며 섰나니

갈 대

수만 번 유혹에도 흔들림은 없었다
휘청이며 흐느낀 몸짓은 있었지만
끈끈한 삶의 뒤안길 굳은 심지 지켰다.

시린 발 감싸쥐며 뭇 세월 견뎌온 날들
새벽녘 어스름에도 기도로 맘을 닦아
진자리 가려 누이던 어머니를 닮았다.

세찬 바람 시새움도 거뜬히 지켜내며
몸 낮추고 맘 낮추며 침묵으로 살아온
휘어진 바람의 목을 끌어안고 살았다.

불 면

꼬리에 꼬리를 문
생각의 나래를 펴고

긴 그림자 끌고 온
수척한 밤을 지나

돌아본 자리 자리마다
붉은 반점이 돋는다.

바람 불지 않아도
가슴에 바람이 일면

초침도 숨이 가쁜지
가던 걸음 멈춰 선다

하얗게 내리는 적요
물안개로 떠 있는

손

그대 손을 잡으면

아픔이 묻어난다

차마 못한 말들이

보석처럼 박혀 있고

그 속에

그칠 줄 모르는

사랑도 담겼으리

태 산

일 년 삼백 육십오일 새벽부터 밤늦도록
학교 앞 작은 가게 붙박이처럼 지키시며
호시절
꽃구경도 잊고
낙엽처럼 바래셨다

살림 서툰 며느리도 어여삐 여기시고
당신 아들 흉볼 때면 속상할만 하실텐데
"그러키 그 아가 와 그라는지
 흉봐도 된다 내 앞에서는"

당뇨로 시력 약해 떨어뜨린 약 찾느라
더듬는 손끝마다 녹슨 시간 묻어 있는
어머니
태산처럼 우뚝 서
키워낸 다섯 그루 나무

낡은 일기장

푸른 날의 너도 있고
붉은 날의 나도 있는

뒤뚱거린 세월 너머
건들바람 더러 불고

까르르
웃음보 터진
봄빛 같은 날도 있다

순간을 되돌려 놓는
마법 같은 날들 앞에

출렁이는 파도처럼
일어서는 직립의 꿈

부스스
새벽을 열며
잰걸음으로 다가온다

시린 날의 초상

더디게 더디게 가며

남기고 가는 것은

짓무른 시간의 흔적

난難바다, 그것이었다

파도에

떠밀려가는

조각배 같은 그것,

굼벵이의 하루

낮게 낮게 엎드렸다
질식하지 않을 만큼
움츠러든 목덜미
가릴 것 없는 맨살로
속앓이 세상일 잊고
묵묵히 길을 연다.

꿈틀꿈틀 앞만 보고 살아온 시간들이
위선의 그물에 걸려 엉덩방아 찧던 날
세상은 사는 법을 내게
말없이 가르쳤다.

울음을 삼키려고
더 크게 웃어보고
속의 말 가슴에 묻고
푸른 하늘 올려다보며
세상의 중심을 향해
굽은 등을 펴본다.

독 도

거센 바람 높은 파도
온몸으로 맞으며
안으로 곪은 상처
내색도 않은 채
뭍 소식
눈 짓무르도록
지켜보고 서 있는

짐 진 어깨 위로
봄 햇살 내려앉아
잠 못 든 지난밤을
다독이고 있을 때
태극기
하늘 드높이
푸른 소원 매단다.

뱃길 따르는 갈매기
정 그리워 나래 펴고
동 · 서도 마주보며
시린 가슴 달래는

독도는

오늘도 외친다

영원한 안식을

흔 적

고장 난 확성기처럼
지금은 말이 없다

빛나던 지난날은
시간 속에 묻히고

발돋움 더한 세월만
바람 소리 듣는다.

거제 포로수용소

잊어버리고 살았다
아니 모르고 살았다
안과 밖 밤과 낮의
치열했던 이념의 벽
그때의
처절한 절규가
두 발목을 잡는다.

17만 포로들의 잔상들 널브러져
흑백의 사진 속에 아픔을 재워놓은
반세기
역사의 뒤안길
그도 울고 나도 울고

태백산맥 문학관

전남 보성 화정리의 제석산 자락 아래
태백산맥 문학관 풀어놓는 한恨의 얘기
숨죽인 그때 그날이 오슬오슬 떨고 있다

높이를 잴 수 없는 이념의 벽 키를 쌓고
희미한 별빛 닦아 밤새워 길을 내며
지리산 능선을 따라 민초들 넘나던 곳

쿨룩거린 지난날이 절름발로 걸어와서
봄볕에 젖은 몸을 동그랗게 말릴 때면
동강난 꿈의 언저리 새살이 돋아날까

장고한 진통 끝에 산맥 하나 태어났다.
일만 육천 오백 매의 키를 넘는 육필 원고
집념과 필력이 낳은 또 하나의 태백산맥

진도를 가다

걸쭉한 사투리가 파도처럼 넘실대는
한 서린 진도아리랑 고갯마루 넘으면
스산한 바람이 따라와 그도 함께 넘는다

바닷길 띠처럼 이어 오가는 건넛마을
견우직녀 만나듯이 마음을 나누는 곳
그 바다 어디쯤에서 사랑 노래 들려온다

그림 같은 운림산방 그 품에 안기우면
매화 향기 흩날리고 난초 절로 피어난다
산중턱 걸린 구름도 소치 선생 작품인 듯

시 · 서 · 화 남종화로 전하는 깊은 뜻이
대를 이어 전해져 진도의 꿈이 된다
꽃 피고 열매를 맺어 예향 진도가 된다

제5부 거미

거 미

줄 하나에 생을 걸었다
떨리는 기도로
한올 두올 사연 풀어
푸른 소원 매달아놓고
아픈 몸
다시 일으켜
곡예를 한다 오늘도

늦은 밤 실낱같은
줄 하나에 몸을 맡기고
꿈을 먹는 태아처럼
웅크린 채 잠이 드는
등 너머
묻어나는 연민
마음 한 자락 젖어온다.

갈모봉*

가벼워지기 위해
산행길 나서는데

불어난 체중보다
더 무거운 생각들이

졸 졸 졸
뒤따라와서
슬며시 눈치를 본다.

편백나무 키를 재는
갈모봉을 오르면

고요히 풀어놓은
눈빛 맑은 숲길 따라

훌 훌 훌
털어버리고
편히 쉬다 가라 한다.

*갈모봉 : 경남 고성군 고성읍 이당리에 위치한 자연휴양 삼림욕장.

정령치에서

천지를 분간 못 할
운무 짙은 정령치에

먼저 온 바람이
앞서가며 길을 낸다

스스로
깊어가는 가을
그 끝을 향해서

할 말 묻어두고
얼굴마저 가린 채

서걱이는 목소리로
흔들리는 몸짓으로

억새꽃
아릿한 사연
조심조심 풀어놓는

물레방아 연못

이른 새벽 수런대며
잠을 깨는 작은 연못

어둠을 밀어내며
차오르는 초록의 꿈

따뜻이 데워질 하루의
새 아침을 열고 있다.

딛고 선 물속 세상
흐리게 젖어와도

꽃 대궁 쏘옥 내밀며
해맑게 웃고 섰다

부끄런 짧은 입맞춤
들켜버린 산들바람

도자기 속 풍경

해도 달도 없건만
푸른 빛 잃지 않고
한 점 바람 불어도
미동도 하지 않네
깊은 골 수목樹木들만이
세상 얘기에 귀를 여는

인적 없는 그곳에
폭포수 거듭 일고
풍경風磬 소리 아득히
귓전에 들리는 듯
흐르는 구름마저도
묵상에 잠겨 있네

하루살이

해종일 해매이다
지쳐버린 늦은 저녁

설레이는 내일을
눈부신 새 아침을

뜨겁게
뜨겁게 꿈꾸며
날개 접지 못한다

겨울 산

한때는 생기 넘친 청춘을 노래하며
하늘 끝 닿을 듯이 키 높이를 더해갔다
발아래
내려다보며
큰기침도 해댔다

잎 지고 바람 불어
그 젊음도 내려놓고

무욕을 떨쳐버린
성자의 모습으로

초연히 깊어지는 산
다 주고도 배부른 산

옥상에 올라보면

교회의 첨탑들 어진 말씀 전하며
동서남북 팔 벌려 이웃 되어 살고 있다
고단한
넋두리 모두
품어 안으려는 듯

희미한 불빛 아래 도란도란 정을 묻고
저민 가슴 다독이며 세상을 열어가는
얼걸은
꿈들이 모여
별무리로 뜨는 밤

빨 래

지운다 모두 지운다
머리부터 발끝까지

얼룩진 어제의
속 때까지 문지르고

그렁한
눈물도 삼키며
꽃으로 피어난다

하 루

저당 잡힌 생각들이
낮 밤 없이 구겨지는

그런 날 하루는
해일 이는 바다 같다

무참히
부서져버린
난파선 그와 같은

고소한 저녁

체에 걸러 물기를 빼고
깨를 볶는 초저녁 밤
젖은 몸 말려가며
당겼다가 밀쳤더니
톡 톡 톡 하고픈 말을
고소하게 쏟아낸다.

손길 눈길 닿은 정이
총총히 맺혀져서
비바람 견뎌내며
노랗게 익은 시간
숨겨둔 속엣말들을
거침없이 쏟아낸다.

문

문 밖에서
문 안에서
바스라지고 얼룩진 시간을 지나

몇 번의 계절이 오고 가면
낯익은 이름들 하나, 둘 잊혀져간다

오늘도
저 문을 사이에 두고
꽃이 피고 바람이 분다

고성의 노래*

거류산성 올라보면 당항, 고성, 자란만이
푸른 눈빛 반짝이며 선한 얼굴로 달려오는
소가야 그 먼 역사가
살아 있는 푸른 성지

당항포 숭충사에 이 충무공 지켜섰다
하얗게 질려버린 그날의 왜적들이
아직도 놀란 가슴을
잠재우지 못하는 곳

잊지 마라 잊지 마라 청정해안 평바위에
맹세처럼 새겨놓은 언약의 발자국들
상족암 천혜비경은 공룡들의 지상낙원

*2011년 경남 고성 가곡 만들기 '고성 그리고 그리움' 에 채택되어 CD에 수록된 작시, 작곡 윤교생, 테너 하만택.

정동진에서

깊은 밤을 건너온
새벽기차 꿈 나르고

하얗게 어깨 걸고
달려오는 파도처럼

모두가
하나된 아침
뜨거움 서로 풀고 있다.

별인 듯 꽃잎인 듯
소원 실은 풍등들이

하늘 높이 띄워져
누군가의 꿈이 되는

정동진
새해 새 아침
눈뜨는 붉은 바다

의자에게

지친 나를 내려놓고
숨고르기 하는 동안

어깨, 등 내어주며
잠시 편히 기대라고

해맑게 미소 지으며
귓속말로 속삭인 너

어제는 큰 배려로
후한 인심 베풀더니

오늘은 무슨 일로
단단히 화났는지

제 다리 부러뜨리며
심술부려 상처를 준다

사는 일 하나같이
기쁘고도 슬픈 일인데

너라고 그런 일이
없으란 법 없겠지만

그래도 그런 날은 미리
말해주지 그랬어

■ 해설

따뜻한 상상력이 빚은 사랑의 노래

이우걸

시조시인, 한국시조시인협회 명예이사장

1

서정시를 논할 때 몇 가지 특징을 들 수 있다. 가령 "음악성"과 "단형시" 또는 "고독한 시" 그리고 "비논리성, 직관성, 순수성" 을 든다. 음악성이란 서정시가 음악과 유관할 뿐 아니라 태생적으로 음악에서 시가 나왔다는 의미다. 그리고 서정시는 단시를 지향하고 서정시는 시인 자신의 개인적 감정이 표출된 극히 주관적인, 내성적 성격을 띤다. 또 서정시는 어떤 사건의 서술이나 논리와 무관한 시다. 시조는 그런 의미에서 가장 모범적인 서정시다. 강줄기 같은 서사의 줄기를 깔고 있지 않은 작은 호수 같은 시이기 때문이다. 제민숙 시인의 시조작품들을 들여다 보고 있으면 맑은 호숫가에 와 있는 느낌이 든다. 그 호숫가의 수양버들이나 느티나무도 다 비칠 뿐 아니라 호수 속에서 헤엄치고 있는 물고기들까지 다 보이는 것 같다. 그 맑음은 어디서

오는 것일까? 왜 내부는 투명하게 보일까? 이런 의문에 대한 답을 준비하기 위해서 다음 작품들을 읽어볼 필요가 있다.

야윈 내 어깨에도
햇살은 따뜻한데

헐렁해진 옷가지에 밴
몸살 난 삶의 흔적도

이 봄날
언 가슴 녹여
꽃 한 송이 피워낼까

—① 〈봄날의 기도〉 전문

뜨겁지도 차지도 않는
봄날 같은 내 사랑은

지나온 시간만큼
은은한 향기를 품어

미쁘게
다듬고 엮어
함께 가 볼 일이다

—② 〈내 사랑은〉 전문

인용한 두 작품에서 공통적으로 발견할 수 있는 키워드는 "봄날"이다. ①은 "계절"을 노래하고 ②는 사랑을 노래하고 있지만 "봄날"의 마음이다.

봄날은 절망의 계절이 아니고 희망의 계절이다. 따라서 이 시인의 시들은 ①과 ②가 보여주는 바와 같이 크게는 사랑의 노래들이고 긍정의 노래들이다. 진정한 사랑의 노래는 거짓이 없어야 하고 진정한 사랑의 노래는 현실을 긍정해야 한다.

가다가 돌아보면 터널처럼 지나온 길
좋은 날 싫은 날이 앞서거니 뒤서거니

맨발로
줄지어 서서
차례를 기다린다

물기 젖어 허물어진 생의 가장자리에
조심스레 풀어놓는 부르튼 시간 위로

하얗게
놓친 꿈들이
대기표를 쥐고 섰다.

—③ 〈길·1〉 전문

그대 손을 잡으면

아픔이 묻어난다

차마 못한 말들이

보석처럼 박혀 있고

그 속엔

그칠 줄 모르는

사랑도 담겼으리

—④ 〈손〉 전문

〈길 · 1〉은 담담한 스스로의 삶을 그린 작품일 수도 있고 타자의 삶을 그린 것일 수도 있다. 어느 쪽도 좋다. 우리 생이란 좋은 날과 싫은 날이 섞여 있는 그래서 행복과 불행이 교차하는 나날이 아닌가. 이룰 듯한 꿈들이 유예되지만 참고 견디면서 성취의 그날을 꿈꾸며 걸어야 하는 것이 우리 인생이 아닌가. 이 진솔한 시조 한 편에서도 제민숙 시인은 "대기표를 쥐고 섰다"라는 긍정과 인내의 이미지를 그려 넣고 있다.

작품④에서도 마찬가지다. 함께 살아온 사람의 손을 잡아보니 손에도 못이 박혀서 꼭 잡기 어려울 만큼 불편함을 느끼게 된다. 그 굳은살들이 평소 말하지 않은 동행자의 메시지라면 그건 보석일 수밖에 없다. 그 보석이야말로 그 손이 담고 있는 사랑인 것이다.

맑고 투명하다는 것은 진솔하다는 것이고 그 진솔함은 사랑이 뒷받침해 줄 때 가능해진다. 사랑하지 않는 대상은 신뢰할 수가 없고 신뢰하지 않는 대상 앞에서는 진솔해질 수가 없다. 제민숙 시인의 사랑은 물론 이성에 대한 사랑도 있고 혈육에 대한 사랑도 있지만 고향에 대한 사랑, 환경에 대한 사랑 등 그 스펙트럼이 다양하고 넓다.

그랬다 사는 동안
가난에 절여진 채
항구에 닻을 내린
부서진 목선같이
햇볕에
말려진 시간은
그 얼마나 되셨을까

—⑤ 〈어머니 · 1〉 전문

매캐한 모깃불 아래 쿨럭이던 여름밤
무릎 위에 눕혀놓고 부채질로 땀 식혀주던
은하수 강처럼 흐르고
풀벌레 소리 정겨운

가슴으로 흐르는 그 환한 기억들과
서러울 것도 없는 추억 속 어린 날이
내 삶의 밑그림이 되어
쉼 없이 녹아드는

—⑥ 〈고향〉 전문

몸속 드러낸 바다
부끄럼에 몸을 떤다
오 · 폐수 한데 엉켜
신음 소리 토할 때면
낮달도
고개 돌리며
두 눈을 감는다.

내버려진 오물들
온 바다를 울리고
갯벌에 젖은 삶
햇볕에 말려봐도
뭉개진
가슴 언저리
비린 바람이 인다.

—⑦ 〈바다 그리고〉 전문

혈육과 관계되는 것으로 인용한 ⑤작품 외에도 〈어머니 · 2〉와 아들을 생각하며 쓴 〈철원, 하늘 아래〉 등이 있다. 여기서 보여주는 어머니는 〈부서진 목선〉으로 비유되어 있다. 늘 물속에 잠겨있는 그래서 화자가 "햇볕에 말려진 시간"이 얼마 되지 않음을 걱정하는 모습으로 사모곡을 빚어내고 있다. 평범하지만 비유는 참신하다. "고향"을 생각하며 쓴 작품은 너무 많아 일일이 거론할 필요가 없다. 산이면 산, 못이면 못, 바다면 바다, 그의 고향 사랑은 이 시조집의 전부라고 해도 과언이 아니다. 위 ⑥작품은 지나치게 평속적인 이미지로 펼쳐져 있어서 긴장감이 부족하다. 그러나 이미 사라진 고향을 환기시키는 역할은 단단히 하고 있다. 작품⑦의 경우는 인용한 다른 작품과 다른 개성적인 작품이다. 시각의 차이 때문이다. 그는 오폐수로 오염된 바다, 오물로 더럽혀진 바다를 들추어내고 있다. 그런 의미에서 환경생태시의 모습을 갖추고 있다. 이런 비판적 시각 역시 고향을 사랑하는 그의 마음이 자연스레 그려내는 사향도思鄕圖의 한 결과다.

2

제민숙 시인의 시조들이 사랑을 노래하는 모습을 앞에서 살폈다. 그런 사람들이 혈육이나 고향이나 환경 등 여러 곳으로 번져서 그의 진솔한 내심을 보여주기 때문에 싫증을 느낄 수가 없다. 그렇다면 단순히 그런 진솔하고 투명한 사랑의 에스프리만으로 그의 시조가 자연스럽게 읽히는 것일까? 이 의문에 답하기 위해 우리가 좋아할 수 있는 제민숙 시학의 몇 가지 미덕을 찾아내고 싶어진다.

첫 번째로 그의 작품들이 난해하지 않다는 점을 들 수 있다.

동백꽃 온몸으로
시를 쓰는 지심도에

눈물처럼 스며들어
섬이 된 사람들이

뚝 뚝 뚝
떨어지는 봄을
가슴으로 안는다.

—⑧ 〈지심도의 봄〉 전문

지심도는 어떤 섬일까? 그곳은 풍어와 풍작으로 넉넉한 삶을 살 수 있는 곳이 아니라 안쓰러울 정도로 가난한 곳일까? 그런 정보를 이 시조는 주지 않는다. 그러나 한이 많고 적지 않은 사연이 있는 사람들이 살고 있을 것 같은 그런 느낌을 이 작품은 전하고 있다. 쉽게 읽히지만 단순하지 않은 깊이의 여운을 머금고 있는 시조다. 그러나 독자에게 난삽한 어휘나 이미지를 제시하지 않는다. 이 작품은 계절 따라 나이 따라 다르게 읽힐 만큼의 그 여운이 있어도 독자에게 감상의 장애를 주는 시조는 아니다. 쉽게 읽힌다는 장점이 있다. 즉 가독성이 있는 시조를 쓴다는 점이 제민숙 시학의 한 특징이다.

두 번째로 들 수 있는 특징은 겸손하고 소박한 시조를 쓴다는 점이다.

살림 서툰 며느리도 어여삐 여기시고
당신 아들 흉볼 때면 속상할만 하실텐데
"그러키 그 아가 와 그라는지

흉봐도 된다 내 앞에서는”

—⑨ 〈태산〉 둘째 수

이 작품에서 “태산”은 시어머니다. 고부간에 앉아서 며느리가 남편 흉을 본다. 시어머니는 자애롭게 그 불평을 받아들인다. 이 풍경을 읽어내는 독자에게는 오히려 며느리인 시인의 겸손이 더 눈에 띈다. 그의 겸손은 작품 곳곳에서 드러나는 소박함과 더불어 독자에겐 친숙하고 정겨운 이미지로 정착된다.

오르고 내리는 길 그 숱한 시간 속에
계절을 이고 선 하늘 몇 번 보았을까
키 작은 어린 들꽃에게 눈길 몇 번 보냈을까

—⑩ 〈남산공원〉 첫째 수

한 번도 가지 않은 낯선 길이 놓여 있다
아직도 여물지 못한 풋밤 같은 날들 앞에
익어서 열리는 하늘
그 끝을 향해 간다

—⑪ 〈길·2〉 첫째 수

얼마를 기다려야
너를 닮은 꽃이 될까

무엇을 비워내야

너처럼 해맑을까

네 얼굴 보고 있노라면
연서 한 장 쓰고프다

—⑫ 〈매화〉 셋째 수

작품 ⑩에서는 "키 작은 어린 들꽃에게 눈길"을 많이 못 준 걸 미안해 한다. 작품 ⑪에서는 "아직도 여물지 못한 풋밤의 날들"을 보내고 있는 자신을 반성하고 아울러 "익어서 열리는 하늘"을 소망하여 갈고 닦는 "길"을 보여주고 있다. 또 작품 ⑫에서는 "해맑은" "얼굴"의 매화가 되기 위해 아직도 인내하고 비워야 한다는 반성적 사고를 노래한다. 따라서 제민숙 시조의 세 번째 특징으로 성찰의 미덕을 들지 않을 수 없다. 일부러 그것을 증명하기 위해 작품을 인용할 필요가 없다. 거의 전편에서 그런 향기가 스며 있기 때문이다.

네 번째로 제민숙 시학의 특징은 그의 시조는 대체로 생활시의 범주 속에 있다는 사실이다. 가령 소재 계발의 차원에서 또는 주제의 새로운 탐색을 위해 우리의 예상을 뛰어넘는 작품을 쓰려 하지 않는다. 그저 생활하면서 만나고 보고 느낀 오브제에 대한 감정을 특별한 장식 없이 노래한다. 이 특징은 보는 관점에 따라 다르게 평가할 수 있을 것이다. 그러나 우리는 한 떨기 들꽃처럼 지역공동체 속에서 순리대로 꾸밈없이 살고 싶고 그렇게 살아온 시인을 생각하면서 오히려 그만이 지닌 아름다운 개성이라 생각한다.

3

제민숙 시인의 시조를 읽고 있으면 가을 햇살이 내리쬐이는 꽃향내 은은한 초등학교 교정에 서 있는 느낌이 든다. 가난했지만 꿈이 많았던 시절의 추억이 영상처럼 눈앞을 지나간다. 두고 온 고향의 얘기도 그렇다. 현대인들은 대부분 고향을 잃어버린 사람이다. 인정 많고 서로 돕고 공동으로 노력하여 생을 일구어 내던 노동을 잊은 지 오래다. 그런 독자들에게 고향의 〈대가 저수지〉을 고마워하고 〈태산〉에서처럼 시어머니를 존경하고 〈바다 그리고〉에서처럼 고향 바다의 오염을 걱정하는 시조를 대하면 독자 스스로가 못하고 있는 혹은 하려고 해도 이미 사라져 버린 고향에 대한 향수에 젖을 뿐 아니라 막연하게나마 대리만족하면서 그 정서에 공감하게 될 것 같다.

앞서 우리가 제민숙 시조의 특징을 세목별로 쉬운 시, 겸손하고 소박한 시, 성찰의 시, 따스한 생활시로 분류해 보았지만 얘기하기 위한 방편일 뿐 부질없는 일이다. 왜냐하면 그 모든 특징이 사랑의 상상력 하나로 묶여 있기 때문이다. 소박한 사랑시다. 아름다운 애향시다. 인내와 겸손을 통해 긍정미학을 터득한 생활인의 시다. 그래서 거짓이 없다. 그런 그의 시심이 쉽게 얻어진 것은 아니다. 〈굼벵이의 하루〉가 그것을 말해준다.

낮게 낮게 엎드렸다
질식하지 않을 만큼
움츠러든 목덜미

가릴 것 없는 맨살로
속앓이 세상일 잊고
묵묵히 길을 연다.

꿈틀꿈틀 앞만 보고 살아온 시간들이
위선의 그물에 걸려 엉덩방아 찧던 날
세상은 사는 법을 내게
말없이 가르쳤다

울음을 삼키려고
더 크게 웃어보고
속의 말 가슴에 묻고
푸른 하늘 올려다보며
세상의 중심을 향해
굽은 등을 펴본다

—〈굼벵이의 하루〉 전문

제민숙 시인의 시법은 '굼벵이'의 시법이다. "질식하지 않을 만큼" "낮게 낮게" 그러다 "위선의 그물"에 걸려 넘어지면 세상 사는 법 하나를 배우며 울음을 웃음으로 바꾸어 가며 "세상의 중심"을 향해 간다. 그런 제민숙 시인의 노래를 들으면서 우리는 그의 다음 시집을 기다리게 된다.

길
제민숙 시조집

펴낸날 2015년 11월 16일

지은이 제 민 숙
펴낸이 오 하 룡
펴낸곳 도서출판 경남

주　소 창원시 마산합포구 몽고정길 2-1
연락처 (055)245-8818~8819
블로그 gnbook.tistory.com
이메일 gnbook@empas.com
등　록 제567-1호(1985. 5. 6.)
편집팀 오태민 | 심경애 | 구도희

ISBN 978-89-7675-111-9-03810

*이 책은 한국문화예술위원회 경상남도
경남문화예술진흥원 으로부터 제작비를 지원받았습니다.
*잘못된 책은 바꿔 드립니다.
*저자와 협의 인지 생략합니다.

〔값 10,000원〕